...S DE MÉXICO ▼ VOLUMEN III / TOMO 1

...ico precolombino

Cautivos en el altiplano

Federico Navarrete
Ilustraciones de Felipe Dávalos

FONDO
DE CULTURA
ECONÓMICA

Primera edición,   2000
   Primera reimpresión, 2013

Navarrete, Federico
    Historias de México. Volumen III: México precolombino, tomo 1: Cautivos en el altipla-
no / Federico Navarrete ; ilus. de Felipe Dávalos. — México : FCE, 2000
        43 p. : ilus. ; 27 × 20 cm — (Colec. Historias de México)
        ISBN 978-968-16-5623-2

        1. Historia — México — Época prehispánica 2. Literatura infantil I. Dávalos, Felipe, il.
II. Ser. III. t.

LC PZ7   Dewey 808.068 L247h

Distribución mundial

D. R. © 2000, Fondo de Cultura Económica
Carretera Picacho-Ajusco, 227; 14738 México, D. F.
www.fondodeculturaeconomica.com
Empresa certificada ISO 9001:2008

Coordinación general del proyecto: Daniel Goldin
Coordinador de México precolombino: Pablo Escalante Gonzalbo
Coordinador de México colonial: Rodrigo Martínez
Coordinador de México independiente: Carlos Illades
Coordinador de México en el siglo XX: Ricado Pérez Montfort
Diseño: Adriana Esteve González y Rogelio H. Rangel
Cuidado editoral: Carlos Miranda y Diana Luz Sánchez

Comentarios y sugerencias: librosparaninos@fondodeculturaeconomica.com
Tel.: (55)5449-1871. Fax: (55)5449-1873

ISBN 978-968-16-5646-6 (colección)
ISBN 978-968-16-5623-2 (volumen III)

Se terminó de imprimir y encuadernar en mayo de 2013
en Impresora y Encuadernadora Progreso, S. A. de C. V. (IEPSA),
calzada San Lorenzo, 244; 09830 México, D. F.
El tiraje fue de 1 100 ejemplares

Impreso en México • *Printed in Mexico*

Índice

Introducción 6

Cautivos en el altiplano 9

Un día entre las mujeres 11

Una visita al mercado 15

El agua de chía 21

Entre los chichimecas 23

El desierto 25

La estrella del amanecer 30

El fin de Tula 37

Mapa 40

Glosario 42

Cronología 43

Introducción

Cerca del año 650, acontecimientos violentos pusieron fin a la historia de Teotihuacán. Cientos de edificios fueron consumidos por las llamas y la gran ciudad imperial quedó casi abandonada. Hubo muchos cambios tras la caída de la metrópoli: el valle de México quedó sin una ciudad que funcionara como verdadero centro político, los reinos y señoríos de otras regiones empezaron a pelear entre sí y proliferaron las murallas, los fosos y otros recursos defensivos (así lo vemos en Xochicalco y Cacaxtla, por ejemplo). Hubo también ciudades, como Tajín, que aprovecharon el vacío dejado por Teotihuacán y se volvieron poderosas.

Otro de los cambios de esa época de crisis consistió en que varios grupos emprendieron largas migraciones para buscar mejores condiciones de vida. Entre los peregrinos se encontraban los toltecas, que habían vivido en la Sierra Madre Occidental durante siglos.

Los toltecas descendieron trayendo consigo una cultura guerrera y fundaron varios asentamientos entre los que se encuentra la célebre ciudad de Tula. En Tula los toltecas se aliaron con un

poderoso grupo heredero de la tradición teotihuacana: los nonoal-
cas. Tula floreció durante casi 300 años y su cultura dejó huella
en muchas regiones.

El cuento se refiere a los últimos días de Tula. En aquellos
días los cazadores-recolectores conocidos como chichimecas vivían
muy cerca del valle de México y es posible que hayan sido una
molestia continua para los pueblos civilizados. Por otra parte, la
propia ciudad de Tula tenía problemas debido al enfrentamiento
entre los toltecas y sus aliados, los nonoalcas.

Poco antes del año 1200 tanto los nonoalcas como los toltecas
habían abandonado Tula.

PABLO ESCALANTE GONZALBO

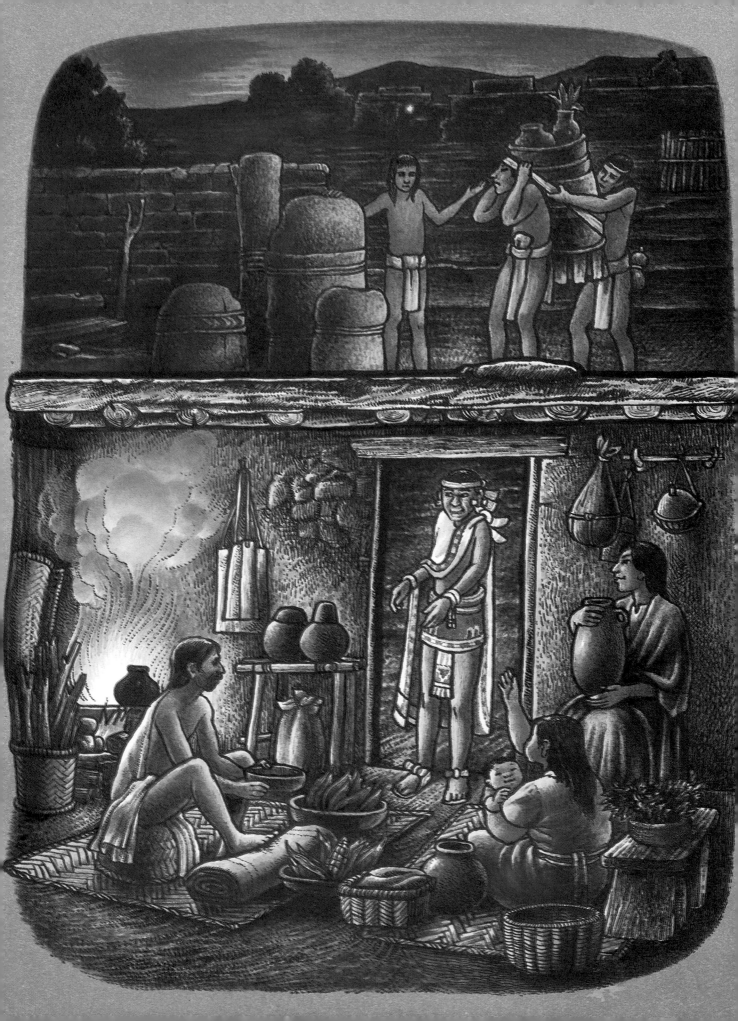

Poco después del anochecer, tras merendar y conversar un rato, los habitantes de la ciudad de Tula apagaron los fogones de sus casas y se acostaron a dormir en sus petates de mimbre. Tendrían que levantarse al amanecer y más les valía estar bien descansados para poder cumplir con sus labores. Sólo los centinelas que vigilaban la ciudad quedaron despiertos. La única luz que iluminaba la noche venía de los braseros que ardían en la parte de arriba de los templos y que nunca se apagaban porque los dioses nunca duermen. El silencio era tal que no parecía que en esa ciudad vivían muchos miles de personas.

Esa noche, sin embargo, en una casa el fogón no se apagó porque nadie se acostó a dormir. No era para menos. Por la tarde había regresado a la ciudad un pariente que había estado viajando por largo tiempo en tierras muy lejanas. Llegó acompañado de varios hombres que cargaban canastas inmensas. Como eran muy pesadas, en cuanto entraron al patio de la casa, las colocaron en el piso y se sentaron a descansar.

El recién llegado saludó a todos los parientes, abuelos, hermanos, cuñadas y sobrinos, que se habían reunido a recibirlo. Una mujer dio una orden.

–Matotoztli, trae *pinole* para los cargadores y para tu tío.

Matotoztli, que era una niña de doce años, delgada y fuerte, corrió a obedecer a su mamá y no tardó en regresar con las tazas de pinole bien fresco, perfumado con flores y endulzado con miel de maguey. Los viajeros la miraron con agradecimiento y el tío le acarició una mejilla. Matotoztli siempre estaba lista y todos quedaban contentos con ella. A veces su padre le decía: "Por algo te pusimos tu nombre, hijita. Matotoztli quiere decir 'mano rápida', y tú eres la más rápida de todas las mujeres".

Más tarde, el papá de Matotoztli se reunió con su hermano a tomar *atole* y a calentarse frente al fuego en la habitación de la familia. Los demás parientes se retiraron a sus cuartos. El tío prendió un poco de *copal* en el altar de la casa, para agradecer a los dioses que lo hubieran protegido en el camino y le hubieran permitido regresar sano y salvo.

–Es un milagro que no me haya pasado nada –explicó–, porque los caminos son cada vez más peligrosos. Hay muchas bandas de *chichimecas* salvajes que asaltan a los viajeros y se los llevan para comérselos o para venderlos como esclavos.

Después relató las aventuras de su viaje. Matotoztli se sentó detrás de los hombres y no perdió palabra. Su tío había ido muy lejos y había

atravesado montaña tras montaña y visitado ciudad tras ciudad. En cada ciudad la gente se vestía y se adornaba de una manera diferente, algunos con plumas rojas, otros con plumas azules o verdes, y todos hablaban una lengua distinta.

—Pero todos nos admiran a nosotros, los de Tula, y nos tienen respeto, porque saben que somos los mejores guerreros.

Finalmente había llegado al mar, al final de la tierra, y ahí había encontrado a los hombres que eran dueños de las plumas azules del *quetzal*, del cacao, y de las vasijas de barro que brillaban como si fueran estrellas. Ellos le habían dado todo eso a cambio de la *obsidiana* que se hacía en Tula.

Un día entre las mujeres

A la mañana siguiente, aunque se había dormido muy tarde, Matotoztli tuvo que levantarse a ayudar a su madre y a las otras mujeres de la casa a preparar la comida. Era mucho trabajo. Para empezar había que hacer las tortillas y servirlas bien calientes a los hombres, antes de que salieran a trabajar a la parcela de la familia o al taller en que se hacían cuchillos de obsidiana. A veces querían un poco de chile y frijoles que habían quedado de la merienda del día anterior. Entonces Matotoztli tenía que calentarlos en el fogón y

servirlos rápidamente porque todos tenían mucha prisa.

El tío se quedó en casa. Lo primero que hizo fue pagar a los cargadores, que habían pasado la noche en el patio, dormidos en el piso, bajo las estrellas. Unos tomaron cargas de maíz pero otros prefirieron mantas de *ixtle*. Después empezó a organizar las cosas que había traído de su viaje y Matotoztli corrió a ayudarlo. Guardaron las plumas de quetzal, que eran muy grandes y muy suaves, en una caja de madera, donde estarían a salvo del polvo y los insectos. Lo mismo hicieron con unas mantas que estaban teñidas de un rojo tan fuerte que parecían el mismo sol. Finalmente colocaron unas vasijas brillantes en

un cesto. Matotoztli las
trató con mucho cuidado. Era maravilloso sentir
el barro, tan liso como si fuera obsidiana.

Cuando terminaron, el tío sonrió.

–Ahora voy a venderlas al mercado.

Matotoztli sostuvo la cesta contra su espalda
mientras él se colocaba en la frente la banda que la sostenía. Luego lo
acompañó a la puerta y lo vio alejarse por la calle.

–Nos vemos en la noche, preciosa –se despidió el tío.

Hacía calor y la luz lastimaba los ojos. La calle estaba vacía y Matotoztli
sólo veía las otras casas que eran como la suya, cafés todas, hechas de adobe.
Después oyó ruido de gente que se aproximaba y se escondió para poderlos
observar. Eran hombres que cargaban *coas* y hachas de piedra para trabajar
la tierra y platicaban en voz alta. Después vinieron otros que llevaban sobre
sus espaldas inmensos sacos de maíz. Los sostenían con bandas en la frente,
como su tío.

–Matotoztli, hija. Ven a ayudarnos –le gritó su mamá y ella tuvo que
regresar al cuarto.

Las mujeres se habían sentado a hilar y coser. Entre ellas hacían toda la
ropa de la casa y algunas telas más para que los hombres las llevaran a

vender en el mercado. Platicaban en voz baja mientras enrollaban el ixtle en el *huso*. La fibra del maguey era dura y rasposa y les cortaba las manos. A veces, cuando hacían ropa para una fiesta, usaban algodón, que era más suave y era un placer para hilar. Matotoztli era buena hilandera también, pero en realidad se aburría estando sentada todo el día.

Antes, cuando era más pequeña, la dejaban correr de un lugar a otro en el patio, alrededor del altar donde se ponía el copal para los dioses. También tenía muñequitas de madera y husos de juguete para jugar con las otras niñas de la casa.

Pero ahora Matotoztli no quería ni hilar ni jugar. Pensaba únicamente en el mercado en el centro de la ciudad, donde ahora estaría su tío. Pensaba en todas las cosas que había del otro lado de la puerta.

De repente sintió un codazo. Entonces se dio cuenta que había tirado el huso con el que

Entre los pueblos nahuas, como los toltecas y los mexicas, las diferencias sociales eran muy marcadas. Los nobles vestían con ropa de algodón, y utilizaban diferentes adornos corporales: penachos de pluma, orejeras, piezas labiales (llamadas *bezotes*), collares, brazaletes y ricas sandalias.

La gente del pueblo, por el contrario, tenía que vestir mantos y faldas confeccionados con el áspero hilo de maguey. Además no podían utilizar los adornos corporales que caracterizaban a los nobles. Sabemos que entre los mexicas, concretamente, se castigaba muy severamente a la gente del pueblo que se atrevía a vestir con algodón o a arreglarse con joyas.

estaba enrollando el hilo de ixtle. Todas las mujeres se rieron.
Ella se puso colorada.

Una visita al mercado

Al día siguiente, cuando su tío volvía a salir al mercado, con las vasijas que
no había vendido y con algunas mantas, Matotoztli no pudo resistirse.

–¿Puedo acompañarte, tío?

El tío dudó un momento pero luego fue a pedir permiso a su mamá. A
Matotoztli se le salía el corazón por la boca.

–Vamos. Tu mamá dice que me ayudes –el tío sonrió y le dio un paquete
de mantas para cargar.

En el camino al mercado pasaron por la gran plaza, donde estaban los
templos. Una vez al año, cuando terminaba la época de lluvias y el maíz,
los frijoles y las calabazas habían sido recogidos, las mujeres de la casa
acompañaban a los hombres a una gran fiesta en esa plaza. Iban todas las
familias de la ciudad, vestidas con ropa de algodón de colores y con sus
mejores collares y adornos de plumas.

La plaza estaba rodeada de unos templos largos, con columnas muy altas, talladas con figuras de guerreros. Había también grandes esculturas de colores que representaban a Quetzalcóatl, la serpiente emplumada, que era el dios más importante de la ciudad. Era tanta la gente que Matotoztli no se atrevía a soltarse de la mano de su madre. La mayoría de las familias eran toltecas como ellos y hablaban su idioma. Pero había otros que caminaban entre los demás con cara de desprecio. Eran los nonoalcas, que vestían siempre con ropa más elegante y adornos más vistosos.

Una vez Matotoztli se atrevió a preguntar a su papá por esos hombres.

–Nosotros los toltecas somos los que trabajamos la tierra y hacemos la guerra, pero ellos los nonoalcas se creen los mejores del mundo. Dicen que les debemos todo porque ellos son los sacerdotes y hablan con los dioses para que nos traigan la lluvia –la voz de su papá sonaba muy seria–. Pero en realidad, si no fuera por nosotros y por nuestra valentía, no tendrían ni sus

ropas ni sus templos. Pero, vas a ver, un día todo va a cambiar, nos vamos a hartar –el papá volteó a ver a Matotoztli y su furia se redujo–. En todo caso no te preocupes, hijita. Ésos son asuntos de hombres. Tú no tienes por qué pensar en ellos.

Llegaron a la plaza, que estaba llena de polvo y casi vacía. Mientras la atravesaba de la mano de su tío, Matotoztli recordó la última fiesta, cuando había visto al muchacho.

Se hacía de noche y todas las familias se habían sentado a comer antes de que empezaran las danzas. Los templos, pintados de colores y llenos de braseros, brillaban como si estuvieran hechos de piedras preciosas. Unos hombres tocaban muy fuerte unos tambores. Matotoztli estaba devorando un *tlacoyo* relleno de frijoles, cuando se oyó un murmullo. Todos los hombres se pusieron de pie y su mamá le dio un codazo para que dejara de comer. Entonces pasaron unos hombres muy elegantes, vestidos con túnicas verdes y con tocados hechos de plumas brillantes y hermosas. Pero no eran nonoalcas, pues se detenían a conversar un poco con los hombres de cada familia. Entre ellos iba un muchacho, no mucho mayor que Matotoztli, pero muy alto y fuerte. Cuando se acercaron a su familia, Matotoztli pudo ver que tenía el pelo cortado como un guerrero que ya había hecho hazañas en la guerra. Mientras lo miraba, el muchacho se volvió hacia ella y le sonrió. Matotoztli se sintió tan avergonzada que bajó la vista.

Cuando se fueron, su madre le sonrió.

—Ese muchacho es el hijo de nuestro jefe. Su familia siempre ha mandado

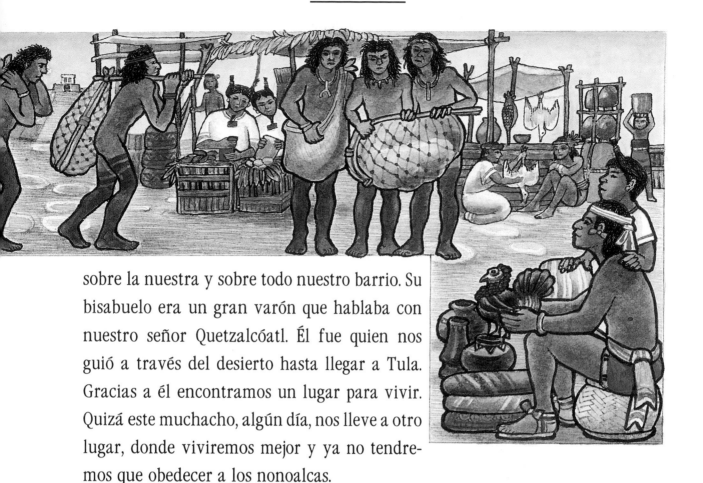

sobre la nuestra y sobre todo nuestro barrio. Su bisabuelo era un gran varón que hablaba con nuestro señor Quetzalcóatl. Él fue quien nos guió a través del desierto hasta llegar a Tula. Gracias a él encontramos un lugar para vivir. Quizá este muchacho, algún día, nos lleve a otro lugar, donde viviremos mejor y ya no tendremos que obedecer a los nonoalcas.

Pensando en esas cosas, Matotoztli no se dio cuenta de que habían llegado al mercado. Sólo el ruido de los vendedores la hizo olvidarse del joven. Había mucha gente. Todos caminaban con prisa, veían las mercancías y *regateaban* a gritos. Los que cargaban cosas se abrían paso a empujones. Matotoztli sintió miedo y se aferró a la mano de su tío.

Instalaron su puesto entre los de su barrio, que vendían cuchillos de obsidiana y telas de ixtle. Todo el mundo se detenía a ver las vasijas brillantes y las mantas. La primera vasija que se vendió fue la que más le gustaba a Matotoztli: un cántaro que tenía forma de guajolote, con todo y cabeza, plumas y alas. Le dio coraje que la comprara un nonoalca. El tío, en cambio, se quedó muy contento con la manta de algodón que recibió a cambio.

Poco después llegaron unos hombres muy diferentes. Venían completamente desnudos. Sólo se habían pintado las piernas de rojo. La gente los veía con desconfianza y se apartaba de su camino. Cargaban unas redes de hilo de ixtle con inmensos pedazos de carne seca de venado. Cuando pasaron frente al puesto, Matotoztli se ocultó detrás de su tío. Los hombres señalaron la cerámica brillante, se dijeron algo entre sí y luego continuaron caminando. En el puesto de junto cambiaron un pedazo de carne por muchos cuchillos de obsidiana. Después se instalaron en un espacio vacío y pusieron toda su carne sobre el piso.

–¿Por qué están desnudos, tío? –Matotoztli se atrevió a hablar sólo cuando ya estaban lejos.

Por las crónicas escritas en el siglo XVI sabemos que en los mercados indígenas existía la costumbre de vender alimentos y bebidas preparados para la gente que pasaba el día en la plaza.

–Son chichimecas, hija mía. Vienen del norte, donde no hay agua ni ciudades. Viven yendo de un lugar para otro, no tienen ni casas ni *milpas*. No las necesitan, porque saben cazar muy bien. Dicen que les basta con disparar una flecha al cielo, y que si no atraviesa a un pájaro en el aire, al caer mata a un conejo o a una serpiente. Son muy peligrosos, les gusta robarse a los niños.

El tío sonrió, pero Matotoztli estaba muy seria.

–Me dan miedo, tío.

El agua de chía

Así pasó la mañana. Hacía calor y el sol pegaba con fuerza. El tío compró agua de *chía* que vendía una señora muy vieja y los dos vaciaron las *jícaras* de un trago. Después comieron un poco de frijoles y calabazas que la madre de Matotoztli había guardado en un *itacate*. Matotoztli sentía la garganta seca por el polvo y le pidió a su tío que le comprara otra jícara de agua de chía.

A media tarde ya no aguantaba las ganas de orinar. Se calló un rato, por pena de decirle a su tío, pero no pudo resistir.

—Tío, tengo que... tú sabes, es por el agua de chía.

—Mejor aguántate un rato, hija mía. Ya vamos a regresar a casa.

Matotoztli hizo un gesto de desesperación. El tío sonrió y le explicó que tenía que tomar cualquier calle hasta encontrar alguna milpa o un campo *baldío*. La niña salió corriendo a través del mercado, esquivando a los compradores, y estuvo a punto de derribar a un hombre que cargaba un costal lleno de nopales.

En la calle que tomó no había ninguna milpa, por lo que tuvo que correr un rato, hasta llegar al borde de la ciudad. Ahí no se veía a nadie. Matotoztli se metió en la primera milpa y suspiró de alivio.

Cuando venía de regreso se topó con los chichimecas, que caminaban a todo lo ancho de la calle. Ahora cargaban en sus redes las cosas que habían cambiado por su carne. Al verlos, regresó corriendo a esconderse en la milpa. Se sentó en cuclillas entre las cañas de maíz, con la cabeza entre las rodillas. Su corazón latía como un tambor, pero contuvo la respiración para no hacer nada de ruido. Así se quedó quieta una eternidad hasta que le dolió todo el cuerpo. Como no se oía ningún ruido, levantó la vista. Sólo pudo ver las plantas de maíz. Seguramente no la habían visto y su tío estaría esperándola.

Matotoztli se levantó y empezó a caminar hacia la calle.

Estaba por salir de entre las plantas cuando una mano la tomó de un brazo, mientras otra tapaba su boca y otra la sujetaba de los hombros. Matotoztli volteó a ver a los chichimecas, que sonrieron entre sí.

Entre los chichimecas

Esperaron escondidos en la milpa hasta que se hizo de noche. Los hombres no dijeron nada y no soltaron a Matotoztli ni dejaron de taparle la boca. Cuando se hizo oscuro se pusieron a caminar. Se movían en silencio, tanto que parecía que no pisaban el suelo ni tenían que abrirse paso entre las plantas. Atravesaron una milpa tras otra hasta que llegaron a donde no había más. Entonces aceleraron el paso. Siempre sabían dónde pisar y qué camino tomar. Matotoztli tenía que correr para seguir sus pasos, aunque las piedras le lastimaban los pies. Ahora le daba más miedo perderse en la noche que estar con ellos.

Treparon por una colina hasta llegar a una cueva. Olía muy mal y Matotoztli oyó las alas de los murciélagos que volaban sobre su cabeza. Al fondo de la cueva estaban otros hombres sentados alrededor de una fogata.

Matotoztli se acercó para calentarse y un viejo todo arrugado y seco le dio un pedazo de carne asada. Lo devoró y luego se quedó dormida en el piso.

Al día siguiente se despertaron con unos gritos. La fogata se había apagado, pero entraba luz por un hoyo en el techo. Varios chichimecas se aproximaban sujetando a un hombre que no dejaba de gritar y de luchar con ellos. El viejo tomó una macana de madera, se aproximó a él y lo golpeó en la cabeza.

Lo colocaron boca abajo junto a Matotoztli. Estaba tan quieto que parecía muerto. Cuando nadie la veía ella se atrevió a voltearle la cabeza. Su corazón dio un brinco. Era el muchacho de la fiesta, el hijo del jefe de su barrio. Lo habían golpeado mucho y tenía cortadas en la cara y los brazos. Seguramente se había resistido como un guerrero valiente, pero los chichimecas eran más numerosos y lo habían capturado.

Matotoztli rasgó una tira de tela de su huipil y empezó a limpiar sus heridas. Recordaba que una vez su madre había curado así a su padre. Cuando el viejo chichimeca se distrajo Matotoztli tomó agua de la calabaza de la que todos bebían y empapó la tela. Mientras ella lo curaba, el muchacho temblaba y murmuraba entre dientes.

Finalmente el muchacho dejó de temblar y de murmurar, y se durmió profundamente. Mientras tanto los chichimecas trajeron otros dos prisioneros: una señora de la edad de la mamá de Matotoztli y un comerciante que traía una carga muy pesada.

En la noche, el muchacho abrió los ojos mientras Matotoztli le acariciaba la frente y le sonrió. Quiso hablar pero no pudo abrir la boca. Estaba tan agotado que se volvió a dormir.

El desierto

Al día siguiente los chichimecas recogieron sus cosas y sacaron de la cueva a sus prisioneros. Mientras subían el cerro, Matotoztli alcanzó a ver el valle de Tula, verde como un *chalchihuite*. Pero los chichimecas los llevaban en la otra dirección, hacia el desierto. Hacia ese lado todo era café y pardo, con toques de verde oscuro aquí y allá, donde crecían un *mezquite* o un maguey.

El muchacho apenas podía caminar, pero Matotoztli lo acompañó y dejó que se apoyara en su hombro. Cuando los chichimecas les daban agua, ella le guardaba los pocos tragos que le tocaban.

La mujer no dejaba de quejarse en voz baja.

–Esta caminata es lo fácil. Prefiero morirme aquí en el desierto. Si no,

estos bárbaros me van a sacrificar y a comer. O quizá me vendan como esclava a un jefe chichimeca que me va a golpear y a tratar mal.

Esa noche durmieron al aire libre. Hacía un frío terrible, por lo que los prisioneros se apiñaron alrededor de la fogata. A lo lejos se oían aullidos de coyotes. De repente el desierto parecía tan poblado como la ciudad. Los chichimecas no sentían frío y hablaban en voz baja.

—Mira —dijo la señora al oído de Matotoztli—. Ahora están decidiendo a quién se van a comer. No vamos a pasar la noche. Velos. Ya tienen hambre. Seguramente van a empezar por ti, niña. Tú estás tiernita.

–Cállese, señora –eran las primeras palabras que decía el muchacho y su voz sonó muy firme.

En la mañana dos de los chichimecas se alejaron con sus arcos y sus flechas. Regresaron un poco más tarde con una víbora, que asaron al fuego. Cuando le convidaron un poco de la carne, Matotoztli sintió asco, pero la comió sin chistar. Mejor una serpiente que ella.

A mediodía llegaron a un cerro. La ladera estaba llena de piedras planas que se resbalaban una sobre la otra. Los chichimecas treparon corriendo, pero los prisioneros tenían que cuidar muy bien dónde pisaban. Matotoztli se cayó y se cortó una mano. El muchacho la ayudó a levantarse. El comerciante que llevaba la cesta con toda su mercancía tropezó y rodó colina abajo. El muchacho y Matotoztli corrieron a ayudarlo, pero él no se pudo levantar. Tenía rota una pierna. Los chichimecas bajaron a donde estaban, le dieron la cesta al muchacho y les ordenaron que continuaran subiendo. Uno de ellos se quedó con el comer-

Entre los dioses más importantes de la mitología prehispánica estaba Quetzalcóatl, quien había creado el espacio, el viento, el tiempo y a los seres humanos. Además había descubierto el escondite del maíz y se lo había mostrado a los hombres. Después de dejar sabias enseñanzas, Quetzalcóatl se fue por el mar.

Otro de los nombres para el dios Quetzalcóatl era Tlahuizcalpantecuhtli, "Señor de la casa de la aurora"; el nombre se refiere a Venus como estrella matutina. Además se le llamaba Ehécatl, que quiere decir "Viento".

El nombre Quetzalcóatl tiene dos significados: serpiente (cóatl) emplumada (de quetzalli, "pluma") y gemelo (cóatl) precioso (quetzalli significa también "cosa preciosa"). La palabra maya para Quetzalcóatl era Kukulcán.

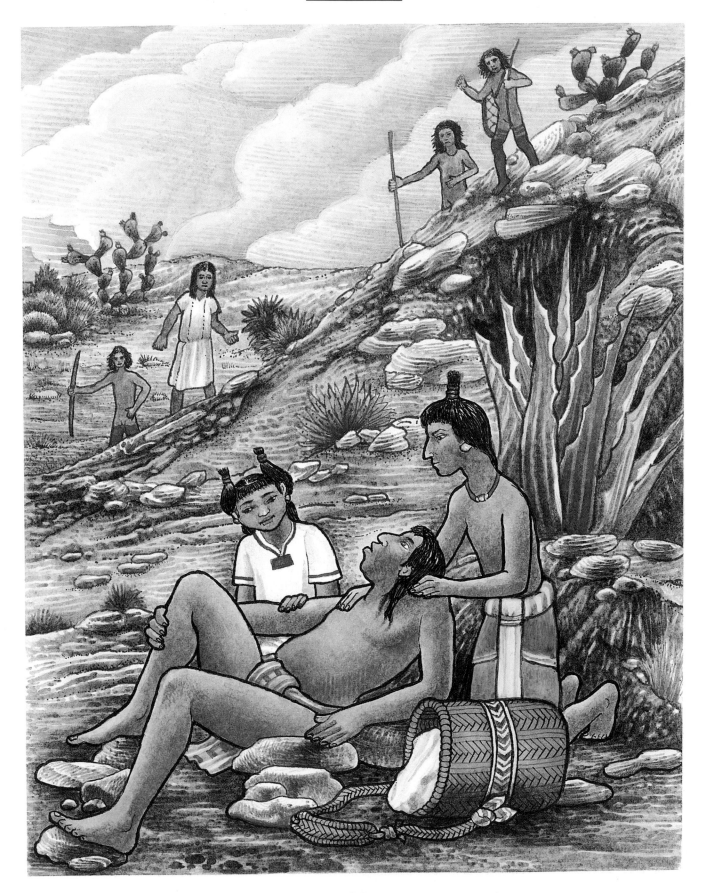

ciante. Cuando llegaron a la punta del cerro esperaron unos minutos hasta que aparecieran. El chichimeca llegó solo.

La mujer se acercó a Matotoztli.

—¿No te dije? Ya lo mataron. Ahora nos van a hacer así a todos los demás. ¡Ay!, si tan sólo nos pudiera proteger nuestro señor Quetzalcóatl.

Esa tarde los chichimecas abrieron la bolsa del comerciante. Guardaron las turquesas, que brillaban a la luz del sol, algunas plumas rojas y unas vasijas pintadas de negro. Lo demás no les interesó y lo dejaron tirado. Había un collar blanco de caracoles de mar partidos a la mitad. El muchacho estuvo a punto de recogerlo pero se detuvo. Después volteó a ver el firmamento con cara de preocupación. Cuando Matotoztli se sentó junto a él le habló en voz muy baja.

—Hace varios días que la estrella de nuestro señor Quetzalcóatl dejó de aparecer al anochecer. Creo que mañana aparecerá al amanecer —entonces volteó y le sonrió—. Es que yo soy sacerdote de nuestro señor Quetzalcóatl y siempre tengo que fijarme en su estrella. ¿Viste el collar que traía el comerciante? Ese collar es de nuestro señor, porque él es dios del viento y los caracoles son redondos como el aire y suenan cuando alguien les sopla. Quetzalcóatl se va a enojar si dejo su collar tirado en el desierto.

La estrella del amanecer

A medianoche una mano jaló el brazo de Matotoztli. En lo que abría los ojos tuvo tiempo de pensar que había llegado su hora, que seguramente la iban a matar. Pero era el muchacho. Le hizo un gesto de que no hiciera ruido. Traía colgado del cuello el collar de Quetzalcóatl, que brillaba bajo la luz de la luna. En la otra mano tenía un cuchillo de obsidiana que goteaba un líquido espeso. Matotoztli se incorporó de un salto y alcanzó a ver que el centinela de los chichimecas estaba muerto, tirado a unos cuantos pasos de ella. El muchacho la tomó de la mano y los dos salieron corriendo hacia la noche.

Se tropezaban y se golpeaban, pero no les importaba: tenían tanto miedo

que no sentían el dolor y no querían detenerse. Por suerte la luna estaba casi llena y les permitía ver las zanjas y los nopales. Cuando empezó a clarear, el muchacho arrancó la rama de un arbusto y se puso a borrar las huellas que habían dejado.

Después se sentaron entre unas rocas, donde nadie los podía ver. Poco antes de

que saliera el sol, apareció la estrella de Quetzalcóalt, sola, en el Oriente.

–Mira. Lo sabía. Ya apareció nuestro señor Quetzalcóatl. Ahora está con nosotros porque salvamos su collar. Él nos va a guiar por el desierto.

La estrella desapareció en cuanto el sol se asomó en el horizonte. Como tenían frío y no podían prender un fuego, los dos se abrazaron en lo que calentaba el sol. Matotoztli sonrió antes de quedarse dormida en los brazos del muchacho.

Los despertó la luz del mediodía. El sol brillaba tan fuerte que parecía querer quemar al mundo. No había una sola sombra donde refugiarse. Las

piedras del piso se habían calentado como si estuvieran en un fogón.

Matotoztli tenía hambre y sed, pero no había nada que comer. Empezaron a caminar y sus pasos se fueron haciendo más lentos y sus cuerpos más y más pesados. La cabeza les retumbaba como si alguien tocara tambores a lo lejos.

—Tula tiene que estar hacia donde sale el sol. Hay que ir a donde sale el sol. Ya vamos a llegar.

El muchacho repetía lo mismo una y otra vez. Cuando el sol llegó al *cenit* no pudieron seguir y se tumbaron sobre unas rocas.

Los despertó el cascabelear de una serpiente. Era de noche ya y hacía mucho frío. La serpiente no dejaba de hacer ruido muy cerca por lo que no

se atrevieron a moverse. Pronto les pareció que había serpientes por todos lados. También se oían aullidos de coyotes a lo lejos y, de repente, el rugido de un puma. Se quedaron despiertos toda la noche. Sólo los consoló ver que aparecía la estrella del amanecer y que era más brillante que el día anterior.

—Tenemos que comer algo. Y esto es lo que comen los que conocen el desierto.

El muchacho tenía unos cactos redondos, con

gajos, que parecían estrellas. No se veían nada apetitosos pero Matotoztli tenía mucha hambre. Sabían amargos y le revolvieron el estómago. El muchacho tenía también cara de asco, pero los dos los comieron en silencio.

Después empezaron a caminar. El sol ya no les molestaba tanto y sintieron que ahora ya conocían el desierto y sabían por dónde ir. Pronto estaban corriendo. Así pudieron trepar varios cerros hasta que llegaron al que estaba hecho de piedras resbalosas. Matotoztli vio que las piedras tenían venas verdes y plateadas.

–Por aquí pasamos, ¿recuerdas?

En la tarde volvieron a oír el cascabeleo de las serpientes, pero ya no sintieron miedo.

–Anoche las serpientes nos protegieron de los coyotes –explicó el muchacho–; ellas obedecen a nuestro señor, que es la serpiente de plumas, y por eso nos cuidan.

Los antiguos mexicanos conocían varias plantas sagradas capaces de transformar la percepción que el hombre tenía del mundo. Dichas plantas se utilizaban para rituales de adivinación, para viajes místicos y para dar energía y valor a los guerreros.

Entre otras plantas era muy utilizado el peyote, un cacto redondo con gajos apiñados en forma de estrella, que infundía valor y fuerza física a quien lo masticaba. Los hongos alucinógenos ayudaban a los magos en sus viajes.

El muchacho corrió hacia donde sonaban más fuertes los cascabeles y encontró un nopal cuajado de tunas. Las arrancaron con el cuchillo y las pelaron. Comieron y comieron hasta que se les pasó la sed. Sentían tanta alegría que se pusieron a bailar alrededor del nopal.

Luego, mientras recogían un poco de leña para hacer un fuego, Matotoztli vio una liebre que se escondía en su madriguera. El muchacho encontró la otra entrada de la madriguera y metió una vara muy larga de mezquite por ella. La liebre salió corriendo y Matotoztli, que la esperaba en el otro extremo, se arrojó sobre ella. Casi se le escapó, pero la alcanzó a asir de las orejas.

El muchacho la tomó y la mató mientras Matotoztli prendía la fogata. Esa noche cenaron la comida más deliciosa de su vida. Luego durmieron abrazados otra vez, aunque ya tenían un fuego para calentarse.

El muchacho despertó a Matotoztli al amanecer. La estrella brillaba con más fuerza que nunca y parecía saludarlos desde la distancia.

–Soñé con él. Nuestro señor Quetzalcóatl me habló en mi sueño. Brillaba más que esa estrella y tuve que taparme los ojos. Pero él me consoló y me dio ánimo.

Me explicó que ahora yo seré su imagen, su representante ante los hombres. Él me visitará y hablará conmigo para que yo comunique a nuestra gente, a los toltecas, lo que sea su voluntad. Entonces todos me obedecerán y seguirán las órdenes de Quetzalcóatl.

El muchacho temblaba de emoción y apretaba uno de los caracoles de su collar, que ahora se veía más blanco que nunca. Matotoztli se sintió muy orgullosa pero también tuvo miedo.

–¿Cómo vas a hacer para que te crean? Muchos dicen que hablan por nuestro señor Quetzalcóatl pero nadie les hace caso.

–Él me ayudará. La gente sabrá que digo la verdad porque estuve en el desierto y sobreviví.

El muchacho sonrió tranquilo. En ese momento se levantó un viento muy suave que hizo temblar todas las hojas de los mezquites. Era un viento tibio que los envolvió como un abrigo.

–Es Quetzalcóatl también. El señor del viento.

Matotoztli sonrió.

El muchacho se puso de pie de un brinco.

–Vamos.

El fin de Tula

Esa tarde llegaron a Tula. Desde la punta de un cerro contemplaron todo el valle. Por donde pasaba el río estaba todo verde: milpa tras milpa de maíz, magueyes, árboles, flores. Más allá empezaba otra vez el desierto. La ciudad estaba en el centro: las casas se veían doradas a la luz de la tarde, como si estuvieran hechas de oro; los templos parecían cubiertos de turquesas, chalchihuites y plumas. Estaban otra vez en casa.

Entonces, el muchacho le señaló algo. De uno de los templos de la gran plaza, donde se conocieron, se elevaba una nube de humo negro y espeso.

–Se está quemando ese templo. Eso quiere decir que ha empezado la guerra –el muchacho no parecía sorprendido–. Nuestro señor me lo dijo todo. Me dijo que tendremos que irnos de Tula, porque ya no tenemos nada que hacer aquí. Pronto no habrá más agua y todas las plantas se secarán; entonces, los nonoalcas nos venderán como esclavos a nuestros enemigos y habrá una gran guerra entre ellos y nosotros. Quetzalcóatl dice que se ha terminado la paz, que ha terminado el tiempo de Tula. Ahora nosotros debemos buscar una nueva tierra, para poder plantar en ella, para poder vivir en ella y criar a nuestros hijos. Me dijo que iremos hacia el Oriente, que vamos a tener que caminar mucho y vamos a padecer mucho, pero que él siempre nos acompañará y nos guiará. Tenemos que avisarles todo esto a los de nuestro barrio; debemos prepararnos para partir pronto.

En ese instante se levantó de nuevo el viento tibio y Matotoztli ya no sintió miedo.

AMÉRICA DEL NORTE

MESOAMÉRICA

TU

ATZCAPOTZALCO

TZINTZUNTZAN

TENANCO

XOCH

OCÉANO PACÍFICO

GOLFO
DE MÉXICO

MAR
DE LAS ANTILLAS

AMÉRICA CENTRAL

EL TAJÍN

CACAXTLA

HOLOLLAN

CERRO DE LAS MESAS

MONTE ALBÁN

COMALCALCO

PALENQUE

BONAMPAK

CHICHÉN-ITZA

SANTA RITA

QUIRIGUA

COPÁN

Glosario

atole: del náhuatl *atolli*, bebida de maíz.

baldío: abandonado, como en "lote baldío" o "terreno baldío".

cenit: punto en la bóveda celeste que se encuentra en la vertical del punto de observación en la Tierra. El sol pasa por el cenit al mediodía.

chalchihuite: del náhuatl *chalchihuitl*, piedra verde preciosa, particularmente la jadeíta.

chichimeca: del náhuatl *chichimécatl*, cazadores recolectores de las zonas norteñas.

chía: del náhuatl *chían*, semilla pequeña de color negro de la cual se obtenía aceite. La chía se utiliza también para hacer agua fresca.

coa: nombre de origen antillano utilizado por los españoles para referirse al instrumento de labor, hecho de madera, que utilizaban los indios de México. Los nahuas lo llamaban *huictli*.

copal: del náhuatl *copalli*, resina producida por el árbol de copal. En el México antiguo se espolvoreaba la resina de copal seca sobre los braseros y fogatas para producir humo aromático.

huso: vara o eje giratorio sobre el cual se enrolla el hilo en el proceso de su factura.

itacate: del náhuatl *itácatl*, almuerzo que se lleva a cuestas en un envoltorio.

ixtle: del náhuatl *ichtli*, fibra de maguey.

jícara: del náhuatl *xicalli*, recipiente fabricado con la cáscara hueca de ciertos frutos tropicales.

mezquite: del náhuatl *mízquitl*, planta leguminosa de las zonas áridas, con forma de arbusto o árbol de poca altura.

milpa: del náhuatl *milpan*, tierra de labor, especialmente aquella en la que se cultiva el maíz.

obsidiana: vidrio de origen volcánico de color verde oscuro o negro, utilizado en el México antiguo para producir navajas, puntas de proyectil y otros instrumentos.

pinole: del náhuatl *pinolli*, harina de maíz.

quetzal: del náhuatl *quetzalli*. Ave de las zonas selváticas de México y América Central, caracterizada por su brillante plumaje verde y su larguísima cola.

regatear: discutir con el vendedor de alguna mercancía para bajar su precio.

tlacoyo: término de origen náhuatl pero de etimología incierta. Hoy se utiliza para denominar cierto tipo de tortilla gruesa rellena de frijol.

Cronología

650 d.C. Incendio y abandono de la mayor parte de la ciudad de Teotihuacán.

700 d.C. Los primeros grupos de toltecas procedentes de la Sierra Madre Occidental se asientan en las cercanías de Tula.

900 d.C. Los toltecas establecen una alianza con los nonoalcas y fundan oficialmente Tula y su centro ceremonial.

1117 d.C. Los mexicas se establecen en las cercanías de Tula.

1168 d.C. Destrucción y abandono de Tula. Los toltecas emigran al valle de Puebla-Tlaxcala.

HISTORIAS DE MÉXICO ▼ VOLUMEN III / TOMO 2

México precolombino

Viaje al mercado de México

Leonardo López Luján
Ilustraciones de Felipe Dávalos

FONDO
DE CULTURA
ECONÓMICA

Primera edición,   2000
   Primera reimpresión, 2013

López Luján, Leonardo
   Historias de México. Volumen III: México precolombino, tomo 2: Viajes al mercado de
México / Leonardo López Luján ; ilus. de Felipe Dávalos. — México : FCE, 2000
   37 p. : ilus. ; 27 × 20 cm — (Colec. Historias de México)
   ISBN 978-968-16-5623-2

   1. Historia – México – Época prehispánica 2. Literatura infantil I. Dávalos, Felipe, il.
II. Ser. III. t.

LC PZ7   Dewey 808.068 L247h

Distribución mundial

D. R. © 2000, Fondo de Cultura Económica
Carretera Picacho-Ajusco, 227; 14738 México, D. F.
www.fondodeculturaeconomica.com
Empresa certificada ISO 9001:2008

Coordinación general del proyecto: Daniel Goldin
Coordinador de México precolombino: Pablo Escalante Gonzalbo
Coordinador de México colonial: Rodrigo Martínez
Coordinador de México independiente: Carlos Illades
Coordinador de México en el siglo XX: Ricado Pérez Montfort
Diseño: Adriana Esteve González y Rogelio H. Rangel
Cuidado editorial: Carlos Miranda y Diana Luz Sánchez

Comentarios y sugerencias: editorial@fondodeculturaeconomica.com
Tel.: (55)5449-1871. Fax: (55)5449-1873

ISBN 978-968-16-5646-6 (colección)
ISBN 978-968-16-5623-2 (volumen III)

Se terminó de imprimir y encuadernar en mayo de 2013
en Impresora y Encuadernadora Progreso, S. A. de C. V. (IEPSA),
calzada San Lorenzo, 244; 09830 México, D. F.
El tiraje fue de 1 100 ejemplares

Impreso en México • *Printed in Mexico*

Índice

Introducción 6

Viaje al mercado de México 9

El viaje anhelado 11

El mercado de Tlatelolco 15

Recorrido por la ciudad 20

El palacio de Motecuhzoma 26

De regreso al mercado 31

Mapa 34

Glosario 36

Cronología 37

Introducción

El final de Tula parece haber sido similar al final de Teotihuacán: hubo incendios, quizá alguna guerra o alguna revuelta y finalmente un abandono abrupto del área urbana. Esto ocurría cerca del año 1200.

Tras la caída de Tula tuvieron lugar migraciones, y una vez más hubo pueblos de la Sierra Madre Occidental y de otras regiones al norte del valle de México que emigraron en busca de la fertilidad y la riqueza de los valles húmedos de la Meseta. Estos pueblos cruzaron las tierras de los chichimecas cazadores y se asentaron junto a los descendientes de teotihuacanos y toltecas.

Los valles de Tlaxcala, Morelos, Toluca y México constituían un conjunto de territorios con gran capacidad agrícola y con abundancia de otros recursos como sal, arcilla, obsidiana y madera. Los pueblos peregrinos venidos del Norte se asentaron principalmente en el valle de Tlaxcala y en el valle de México, y algunos de sus asentamientos llegaron a ser los más ricos y poderosos de la región para la época de la Conquista: Tlaxcala, Tetzcoco, México-Tenochtitlán.

El último relato de esta obra se refiere a dos comunidades del valle de México: Xochimilco, un pueblo agrícola, y México-Tenochtitlán, la gran ciudad capital del imperio mexica o azteca. Algo tenían en común estas dos poblaciones: ambas estaban construidas sobre el lago, situado en el centro del valle, con el sorprendente sistema de chinampas.

Del antiguo lago no queda casi nada; tampoco existen ya las garzas ni los patos; se han muerto todos los venados y los pumas y los coyotes; quizá ya no queden mapaches ni tuzas. Sobreviven algunos tlacuaches y conejos. Los robles parecen haberse acabado; quedan algunos encinos y algunos bosques de pino. Ya no hay águilas, ya no hay ríos.

Nuestro relato se refiere a una época en la que todavía el valle de México era algo parecido a un paraíso. En aquella época había también una ciudad bulliciosa y muchos viajeros que acudían a ella para intercambiar sus productos.

PABLO ESCALANTE GONZALBO

Cuando se multiplicó el trinar de las aves y los primeros rayos del amanecer se colaron por la pared de varas de la choza, Tlohtli no tuvo más remedio que levantarse. Todavía *amodorrado* se puso el manto que le había servido como cobija y enrolló de mala gana su *petate*. Un día muy largo les esperaba a él y a su familia. Además de trabajar en la *milpa*, todos debían preparar el viaje que Tlohtli y su papá harían por la tarde a México.

Tlohtli acababa de cumplir diez años y nunca antes había emprendido una travesía tan larga. La idea del viaje lo emocionaba, ya que su abuelo siempre le contaba historias del mercado, los palacios y los habitantes de la ciudad de México.

La familia completa se sentó a un lado del fogón para desayunar. En medio de una animada plática bebieron *atole* endulzado con miel antes de iniciar el trabajo. Afuera de la casa, una espesa capa de bruma no dejaba ver más allá de los canales que rodeaban la *chinampa*. Tan densa era que

le impidió a Tlohtli mirar los patos que en ese momento volaron por encima de él con enorme gritería.

La familia de Tlohtli tenía varias chinampas dentro del lago, justo en uno de los extremos de Xochimilco.

Desde temprano, cada uno de los miembros de la familia comenzó sus actividades. El papá de Tlohtli fue al pequeño mercado que se ponía en el centro de Xochimilco. Era día de plaza y, según le había comentado su primo, acababan de llegar los habitantes del otro lado de las montañas con un rico cargamento: estiércol de murciélago. El estiércol, colectado en oscuras cuevas, le serviría para fertilizar sus hortalizas y obtener una mejor cosecha.

Antes de salir al mercado, su papá le encargó a Tlohtli que sacara las matitas de chile y de tomate del vivero, y que las plantara en el centro de la chinampa. Tlohtli lo hizo: sin mayores problemas subió las plantas a un canasto; pero cuando intentó levantar el canasto, sus fuerzas no fueron suficientes. Su hermana Quiáhuitl corrió a ayudarle y juntos las llevaron a la milpa. Ambos pasaron la mañana sembrando las plantitas con todo cuidado. Mientras tanto, su mamá fue a la *troje* y echó en canastos todas las mazorcas que encontró. Luego se dirigió a la troje de su cuñado, que estaba

al otro lado del canal, donde había suficientes mazorcas para llenar otros dos canastos; al día siguiente las venderían en el mercado de México.

A media mañana, Cóatl, el mejor amigo de Tlohtli, pasó en su canoa a un lado de la chinampa. Tlohtli se dio cuenta y le gritó para que se detuviera.

–¡Cóatl! ¡Coatzin! Ven acá que tengo buenas noticias. Más tarde iremos a México a vender maíz y comprar algunos encargos de mi mamá. ¿Te gustaría acompañarnos?

–No puedo –contestó Cóatl–. Como mi tío se acaba de casar, tenemos que ayudarle a acarrear madera y paja para construir su choza.

Cóatl deseó suerte a Tlohtli y continuó su camino.

El viaje anhelado

Justo cuando el sol estaba en su punto más alto, Tlohtli y su papá subieron los canastos repletos de mazorcas a la canoa e iniciaron la travesía. Pese al calor, los dos comenzaron a remar con gran *ahínco* para llegar lo antes posible al mercado de México. No obstante su agitación, pudieron gozar de una magnífica vista de los alrededores. Al fondo emergían majestuosamente los volcanes con sus cumbres nevadas. La claridad también permitía distinguir muchos pueblos que se encontraban a la orilla del lago de Xochimilco.

Una chinampa es un pequeño islote artificial, construido en un lago de poco fondo. Parte del pueblo de Xochimilco se asentaba en una gran isla que habían ido construyendo sus habitantes, compuesta por una multitud de chinampas comunicadas por canales.

Para fabricar una chinampa, los xochimilcas hacían un cerco con troncos clavados en el fondo del lago. Después rellenaban el interior del cerco con lodo y plantas hasta llegar más arriba de la superficie del agua. Y así quedaba lista la chinampa para habitarse y cultivar en ella. Algunos árboles, arraigados en los bordes de la chinampa, evitaban la erosión y mantenían la tierra compacta.

En un momento determinado, Tlohtli advirtió con sorpresa que un venado bajaba lentamente de una loma para tomar agua en una ribera repleta de *tulares*. Pero lo que más le divirtió fue ver cómo los pelícanos se lanzaban desde las alturas para capturar algún pez que nadaba distraído. Las garzas y los flamencos también miraban con atención las piruetas de los pelícanos.

Una vez que atravesaron el estrecho de Itztapalapa, llegaron al lago de Tetzcoco, lugar donde se encontraba la isla de México. Las aguas de este lago eran turbias y saladas, a diferencia de las de Xochimilco. Por lo mismo, los peces que vivían en ellas eran muy diferentes a los que Tlohtli conocía.

La canoa se dirigía hacia México con rapidez. Navegaba a un costado de la calzada de Itztapalapa, camino de tierra construido dentro del lago, que unía la isla de México con los poblados de tierra firme ubicados al Sur. Conforme se aproximaban a su destino, se cruzaban con más y más canoas viajando de un lado a otro.

Poco a poco, Tlohtli y su papá fueron penetrando a la ciudad por uno de los canales principales. Las calles de México eran muy rectas, mitad de tierra

y mitad de agua. A su lado se veían casas de adobe de un solo piso circundadas por huertos que, a los ojos de Tlohtli, resultaban diminutos.

Luego dieron vuelta en un canal flanqueado por cedros, sauces, sabinos, cipreses y plantas de flores olorosas donde revoloteaban incansablemente los colibríes. De pronto, Tlohtli se dio cuenta que un grupo de niños jugaba en la azotea de una casa y no resistió las ganas de saludarlos. Pero grande sería su desconcierto cuando esos niños de apariencia inofensiva contestaron a su saludo con una lluvia de piedras que apenas pudo esquivar.

–¡Vaya bienvenida! –dijo con enfado a su padre.

Grandes pirámides sobresalían en el paisaje. Predominaba el blanco: absolutamente todas las casas, los templos y las escuelas estaban muy bien encalados... Era una ciudad reluciente. Tlohtli y su papá se dirigieron entonces al mercado más grande de la isla, situado en Tlatelolco. Para llegar a este lugar cruzaron por Tenochtitlán, pasando por debajo de varios puentes. Pronto las reducidas viviendas de adobe cedieron su lugar a las residencias de dos pisos de la nobleza y de los comerciantes tlatelolcas.

Al llegar al embarcadero del mercado se dibujó una amplia sonrisa en el rostro de Tlohtli, que ya para ese momento reflejaba su fatiga. Allí estaban atracadas naves de todos los tamaños. Algunas guardaban todavía en su interior los productos que al día siguiente se venderían en la plaza.

El mercado de Tlatelolco

En medio del bullicio, Tlohtli y su papá amarraron la canoa y cargaron los canastos de maíz hasta las casas donde dormían los vendedores del mercado.

Se acostaron temprano para reponer fuerzas: tendrían que levantarse mucho antes de que saliera el sol.

Horas más tarde, todavía a oscuras y somnolientos, se dirigieron al mercado. Tlohtli nunca imaginó que el edificio fuera tan grande. Como todos los días a esa hora, los vendedores se encontraban montando sus puestos. En un principio, el papá de Tlohtli buscó lugar para establecer el suyo. No podía hacerlo en cualquier parte ya que todo estaba organizado de acuerdo con el tipo de mercancía. Así, por ejemplo, estaban juntos quienes comerciaban con oro y plata. Cuando por fin encontraron el lugar donde se vendía maíz, frijol, chía y otros granos, Tlohtli y su papá extendieron un gran petate y sobre él colocaron su mercancía. Momentos después llegó un funcionario a cobrarles por el lugar que estaban ocupando.

Poco a poco los clientes llegaban al puesto y se llevaban el maíz de sus chinampas a cambio de granos de cacao con los cuales Tlohtli podría comprar más tarde la sal, la miel, las cuerdas y los demás encargos de su mamá.

Tlohtli tuvo curiosidad de conocer el mercado y le preguntó a su papá si podía dar un paseo.

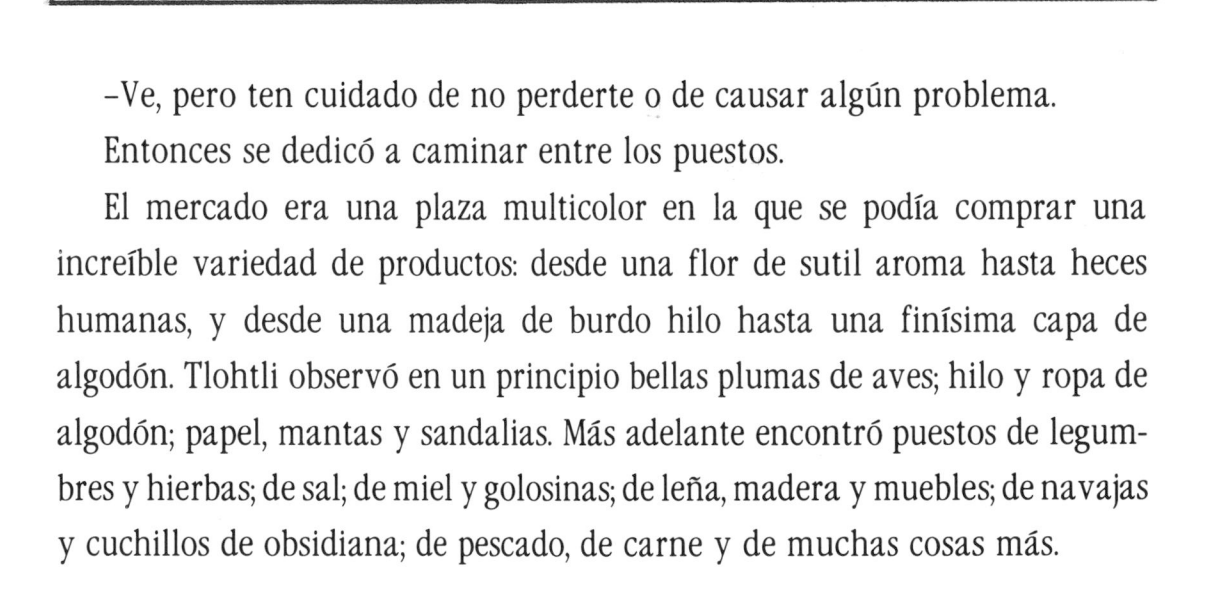

–Ve, pero ten cuidado de no perderte o de causar algún problema.

Entonces se dedicó a caminar entre los puestos.

El mercado era una plaza multicolor en la que se podía comprar una increíble variedad de productos: desde una flor de sutil aroma hasta heces humanas, y desde una madeja de burdo hilo hasta una finísima capa de algodón. Tlohtli observó en un principio bellas plumas de aves; hilo y ropa de algodón; papel, mantas y sandalias. Más adelante encontró puestos de legumbres y hierbas; de sal; de miel y golosinas; de leña, madera y muebles; de navajas y cuchillos de obsidiana; de pescado, de carne y de muchas cosas más.

En su recorrido Tlohtli se topó con personas que regateaban en idiomas que él desconocía y que le sonaban a trabalenguas. Además le llamó mucho la atención la venta de guajolotes, conejos y perritos vivos. En el momento en que Tlohtli jugaba con uno de los perritos, pasaron rumbo al tribunal un par de soldados que habían apresado a un ladrón. Tlohtli se puso de pie, espantado por los insultos que la gente gritaba al ladrón. Sin darse cuenta, dio unos pasos atrás y cayó sobre el puesto de las ollas, rompiendo una de ellas en cuatrocientos pedazos.

Ahora Tlohtli era el que corría asustado, creyendo haber cometido un verdadero delito y temiendo sufrir la misma suerte que el ladrón. Por fortuna logró esconderse en uno de los portales que rodeaban la plaza. Se ocultó en una oscura bodega, atrás de unos sacos de frijol. Permaneció allí hasta que juzgó que el peligro había desaparecido.

Aún temeroso, Tlohtli reanudó su visita por el mercado. Caminó y caminó, pasando, entre otros lugares, por una peluquería don-de afeitaban a algunos comerciantes recién llegados de tierras lejanas. Más adelante encontró un puesto con una mercancía muy particular: hombres con collares de palo. Se

La mayoría de las ciudades del México antiguo contaban con dos grandes plazas: una para las ceremonias religiosas, de acceso restringido, y otra para el mercado, a la cual llegaba gente de todas partes. En la plaza de mercado tenían lugar las ejecuciones públicas y se pregonaban las leyes, las sentencias y las noticias importantes para el reino.

En México-Tenochtitlán la plaza ceremonial se encontraba en lo que hoy conocemos como recinto del Templo Mayor y en parte de lo que hoy es Catedral; la plaza de mercado estaba en lo que actualmente es el Zócalo, pero la mayoría de los visitantes preferían acudir a la plaza de mercado de la vecina ciudad de Tlatelolco, por la variedad de productos que allí se vendían.

La plaza de Tlatelolco era tan espectacular que las crónicas del siglo XVI se refieren a ella con gran detalle, mientras que prestan muy poca atención a la plaza central de México.

trataba de delincuentes que eran vendidos como esclavos al mejor postor.

Tlohtli sintió de repente un hueco en el estómago y fue en seguida a comprar un tamal con una señora que deambulaba anunciando a voces su mercancía. Se sentó a comer en la entrada del mercado y, mientras *engullía* el tamal a grandes mordiscos, se le ocurrió ir más allá de esa puerta para echar un vistazo por la ciudad. Titubeó mucho, pensando sobre todo en la reprimenda que le daría su papá; pero al final se armó de valor y comenzó la marcha sin rumbo fijo.

Recorrido por la ciudad

Tlohtli empezó a vagar por las calles de México. En su andar distraído, chocó contra un pobre vagabundo que caminaba borracho por la calle. El borracho detuvo a Tlohtli con la mano y le ordenó con una voz temblorosa:

–Ey, muchacho, dame una tortilla o te verás en un serio aprieto. ¡A Mazatochtli nadie le niega un poco de comida!

Tlohtli se quedó inmovilizado totalmente por algunos segundos y no supo qué contestar. Afortunadamente reaccionó a tiempo y logró escabullirse por debajo de las piernas del borracho, continuando así su agitado paseo. Sabía que en México, como en Xochimilco, se castigaba severamente a los que se embriagaban, y temió que lo encontraran junto al borracho.

Después de un largo trecho, Tlohtli llegó al Recinto Sagrado. Una larga plataforma lo limitaba por sus cuatro lados. Para poder observar el interior

tuvo que subirla y, al llegar a la *cúspide*, quedó *atónito*. Esta plaza era tan grande que distinguía con dificultad a un grupo de personas que se encontraban en el extremo opuesto. Tlohtli se sentó en la escalinata para mirar con detenimiento el espectáculo que se ofrecía ante sus ojos. Una a una, recorrió con la mirada las construcciones que ocupaban ese majestuoso espacio, desde las más pequeñitas hasta la más grande de todas, coronada por una capilla roja y otra azul.

Pero lo que más llamó su atención fue la gran devoción de la gente en el interior del recinto. Había actividad por doquier: en uno de los templos más próximos un par de sacerdotes oraba mientras quemaba incienso y ofrecía a sus dioses la sangre de una codorniz; enfrente, un grupo de jóvenes

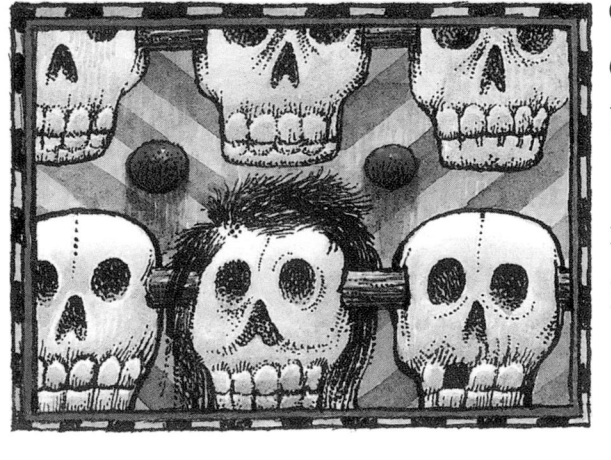

cantaba y bailaba junto a una escultura enorme; más allá, varios niños nobles entraban apresuradamente a la escuela...

Tlohtli se armó de valor para incursionar por el recinto y bajó las escaleras de la plataforma sin ser visto. Corrió de un edifi-

cio a otro escondiéndose de la gente. Cuando alcanzó el centro de la plaza se ocultó *agazapado* detrás de un pequeño muro y, al levantarse, golpeó con la cabeza una de las miles de calaveras que estaban ensartadas en largas varas. ¡Algunas todavía conservaban mechones y pedazos de carne! Tan grande fue el susto que salió de allí *despavorido* y sin rumbo.

Llegó resoplando a un edificio del que salía un gran alboroto. Una puerta lo condujo a una tribuna repleta de personas que armaban un terrible escándalo.

Hasta entonces Tlohtli se percató de que se encontraba en medio de un partido de pelota. Abajo, amontonados en cada extremo de la cancha, estaban los jugadores de los dos equipos contendientes, quienes mantenían la atención de los espectadores con sus rápidos movimientos y con el ágil bote de la pelota de hule. Un golpe seco

se escuchaba cada vez que alguno de ellos impulsaba la pelota con el antebrazo o la cadera, partes del cuerpo que tenían cubiertas con gruesos protectores de cuero. A pesar de que Tlohtli observó cuidadosamente cuanto acontecía, no pudo comprender a ciencia cierta las complicadas reglas del juego. El partido comenzaba a prolongarse al grado de que el ir y venir de la pelota le pareció interminable. Tlohtli prefirió continuar su caminata. Con muchas dificultades logró salir de entre la gente que se arremolinaba a la entrada del edificio y dejó atrás el recinto.

Después de tomar un breve descanso, Tlohtli decidió reemprender su caminata por las calles de Tenochtitlán. Entre otras cosas, vio cómo corría el agua dulce por el acueducto que venía a la isla desde los manantiales de Chapultepec, en tierra firme.

El palacio de Motecuhzoma

Al poco tiempo Tlohtli se acercó a una construcción de dos pisos con muros perfectamente encalados. De una de sus puertas salía en ese momento un enanito haciendo piruetas. En voz alta este personaje dijo para sí:

–Como es costumbre, trabajo sin fruto.

Tlohtli no se cansaba de mirarlo. Nunca había visto una casa tan grande ni se había topado con un adulto tan pequeñito. Por eso estaba cargado de preguntas:

–¿Cómo te llamas? ¿Por qué eres tan pequeñito? ¿Qué hay dentro de esa casa? ¿De quién es?

El enanito le respondió orgullosamente:

–Yo soy Tlaquetzqui el *saltimbanqui,* pero no te diré más si no demuestras tu inteligencia respondiendo una adivinanza. Contesta el siguiente acertijo y tendrán satisfacción todas tus dudas: ¿Qué cosa va por un valle y lleva las tripas arrastrando?

Tlohtli respondió ágilmente–: Es la aguja que lleva el hilo cuando cosen con ella.

Tlaquetzqui se quedó sorprendido ante la rapidez de la contestación e intentó de nuevo:

–¿Y qué va por un valle dando palmadas como la mujer que hace tortillas?

–Es muy sencillo –dijo Tlohtli–: la mariposa.

Tlaquetzqui, muy serio, tuvo que cumplir su palabra. Le contó que esa enorme casa era el palacio de Motecuhzoma, el temido rey de México. El palacio era una verdadera ciudad: en el piso de arriba vivían el rey y su familia. Abajo estaban los tribunales para juzgar a los delincuentes. En amplios salones se daban cita militares y administradores de alto *rango.*

También se encontraban allí varias bodegas de granos, una prisión,

talleres donde laboraban los artesanos e inigualables jardines con plantas y flores de regiones remotas. El enanito relató a Tlohtli que en los jardines de palacio se habían construido, por mandato del rey, una casa de pájaros y otra de fieras, así como un estanque con patos.

También le explicó que él trabajaba en un salón muy lujoso en el que se reunían Motecuhzoma y su corte para comer. Músicos, bailarines, saltimbanquis y cómicos *chocarreros* tenían que divertirlos mientras tanto, so pena de ser golpeados.

–Cuando trabajamos, nuestro señor Motecuhzomatzin y sus cortesanos eligen entre cuatrocientos platillos: ricos tamales de carne, deliciosas hormigas aladas, buenísimas ranas con salsa de chile, un sensacional pescado en salsa de pepitas de calabaza, gusanos de maguey bien tostados y otros manjares acompañados con chocolate... ¡Hummm! Pero los que lo divertimos

En el México antiguo había dos tipos distintos de guerreros: los hombres del pueblo, que debían armarse y formar escuadrones cuando se declaraba la guerra, pero que regresaban a sus labores cotidianas tan pronto como la guerra concluía, y los guerreros especializados en las artes militares.

Los guerreros especializados pertenecían a diferentes grupos: los más célebres eran los llamados "águilas" y los "jaguares", pero había algunos otros grupos como el de los "otomíes".

Estos guerreros, perfectamente adiestrados y listos siempre para el combate, gozaban de ciertas riquezas y privilegios: bebían chocolate, participaban con frecuencia en fiestas palaciegas y eran atendidos por la servidumbre.

Además, los que alcanzaban los rangos más altos asistían a las reuniones con el rey para decidir las estrategias de combate.

Todos respetaban y querían a los guerreros valientes, pero su vida era un constante peligro. Un descuido en el combate y podían acabar en la piedra de sacrificios o morir en el campo de batalla.

no probamos bocado alguno. Después de comer, el rey fuma su canuto de tabaco y se queda dormido... Pero creo que ya te he dicho demasiado.

Sin embargo, Tlaquetzqui debía confesar un secreto, y pensó que ante sí tenía a un niño de gran inteligencia. Por precaución volvió a examinar a Tlohtli con una nueva adivinanza:

—Responde, ¿qué cosa se toma en una montaña negra y se mata en una estera blanca?

—Fácil —dijo Tlohtli—: el piojo que se toma en la cabeza y se mata en la uña.

Entonces, el enanito continuó seguro. Le dijo que veinte días atrás habían llegado a palacio los emisarios de Motecuhzoma. Regresaban de la costa a donde habían sido enviados para confirmar el rumor de la llegada de dioses de tez blanca. El rey los recibió con impaciencia.

Sus mensajeros afirmaron haber subido a una gran casa flotante en la que viajaban estos dioses con ojos *garzos* y barbas largas. Según ellos, todos se parecían entre sí, salvo uno que era completamente negro y de cabello *ensortijado*. Y estos dioses los amarraron, obligándolos a oír unos palos de trueno que quiebran las orejas y que echan fuego por la boca.

Tlaquetzqui confió a Tlohtli que después de esta narración, Motecuhzoma no pudo dormir por varios días. Finalmente, Tlaquetzqui decidió no decir una palabra más al respecto y se despidió de Tlohtli con una graciosa pirueta.

De regreso al mercado

El sol empezaba a ocultarse tras el horizonte. Tlohtli estaba muy lejos del mercado y no le quedó más remedio que apretar el paso. Esperaba recibir una dura reprimenda a causa de su retraso.

Mientras atravesaba calles y canales pasó por su mente el castigo que

Las grandes transacciones y el comercio a larga distancia estaban a cargo de las tribus de mercaderes. Las más conocidas en la Meseta Central eran las de los *pochtecah*, los *nahualoztomeca* y los *acxotecah*. Estos mercaderes tenían a su cargo una de las tareas más duras de aquellos tiempos. Debían recorrer distancias de cientos de kilómetros, durante varias semanas, para llegar a su destino. Además, enfrentaban peligros constantemente: debían cruzar corrientes turbulentas y escarpadas montañas, podían ser devorados por las fieras o atacados por ejércitos enemigos; se fatigaban, se lastimaban los pies de tanto caminar y la frente de soportar el peso de la carga.

Antes de salir a una travesía los mercaderes se rapaban y se bañaban por última vez. Así debían permanecer hasta concluir su viaje. Cuando llegaban a su destino volvían a cortarse el pelo y se bañaban; además recibían masajes para que sus piernas adoloridas por la caminata tuvieran descanso.

hacía poco había sufrido el revoltoso de Cóatl: sus padres lo habían obligado a oler el humo de chiles secos. Cuanto más se acordaba de ello, más rápido corría.

Llegó sudoroso y sin aliento a las puertas del mercado. Allí lo esperaba de pie su papá: no lo regañó, simplemente le hizo un reproche con la mirada. Estaba muy preocupado pues, para un niño chinampero, aquella ciudad era más peligrosa que Xochimilco.

A esa hora ya era demasiado tarde para emprender el regreso a Xochimilco. La oscuridad y el frío de la noche se habían apoderado tanto del lago como de Tenochtitlán.

Padre e hijo no tuvieron más remedio que regresar a las casas del mercado donde se habían quedado el día anterior.

Justo al entrar en uno de los cuartos encontraron a un grupo de comerciantes que entablaban una animada conversación en torno al calor del fogón. Extendieron un petate y se sentaron junto a ellos. Mientras su papá

escuchaba el relato de las peripecias de un mercader que había venido desde el valle de Toluca, Tlohtli se quedó dormido soñando con las aventuras, aunque también en las angustias, que pasó durante su primer viaje a México.

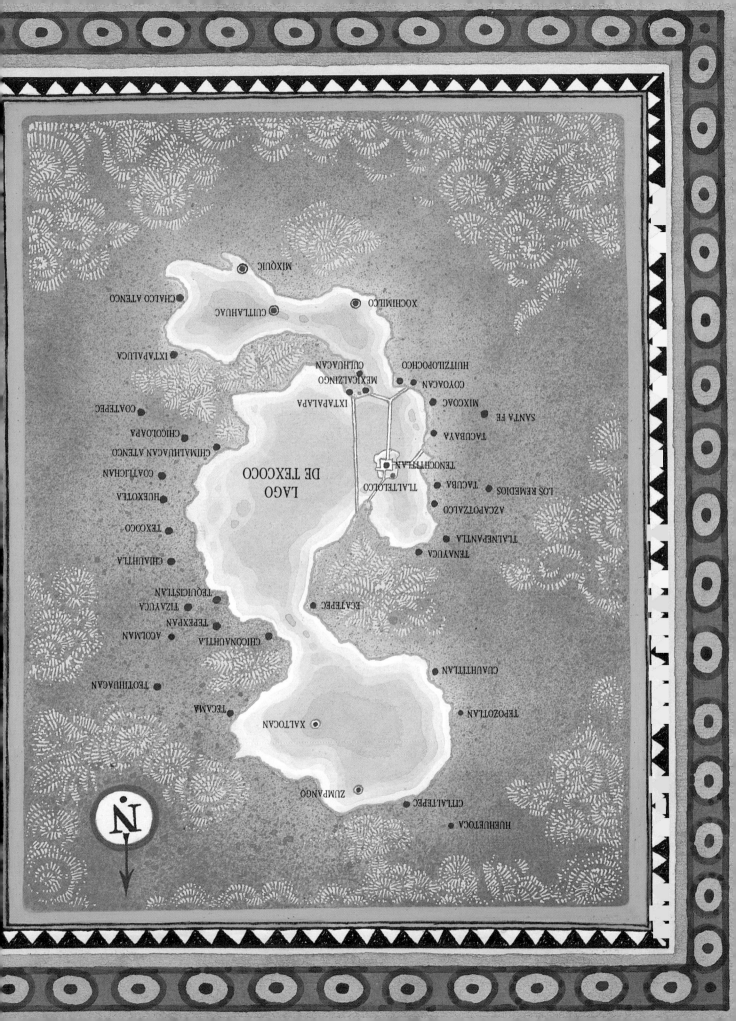

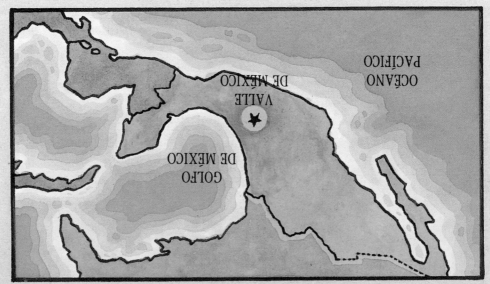

Glosario

agazapado: oculto detrás de alguna estructura, matorral u otro objeto.

ahínco: energía, entusiasmo.

amodorrado: adormecido.

atole: del náhuatl *atolli*, bebida de maíz.

atónito: paralizado por la sorpresa.

chinampa: del náhuatl *chinampan*, porción de tierra formada artificialmente mediante la acumulación de materia vegetal y lodo sobre el lecho de un lago de poco fondo.

chocarrero: con gracia grosera.

cúspide: el punto más alto de una montaña o de una estructura.

despavorido: muy asustado.

engullir: comer, devorar.

ensortijado: rizado.

garzo: azulado. Se aplica a los ojos y a las personas que los tienen de tal color.

milpa: del náhuatl *milpan*, tierra de labor, especialmente aquella en la que se cultiva el maíz.

petate: del náhuatl *pétatl*, estera de juncias o tules.

rango: grado, posición.

saltimbanqui: acróbata de carácter cómico que divierte a la gente haciendo piruetas.

troje o troj: depósito de grano; en México, aquel en el cual se depositan las mazorcas maduras.

tulares: conjuntos de tules o juncias.

Cronología

1116 d.C. Los mexicas salen de Aztlán e inician su peregrinación.

1117 d.C. Los mexicas llegan a Coatepec, en las cercanías de Tula.

1163 d.C. Los mexicas abandonan Tula.

1289 d.C. Los mexicas se establecen en Chapultepec.

1325 d.C. Los mexicas fundan México-Tenochtitlán.

1369 d.C. Sube al trono Acamapichtli, primer *tlatoani* mexica.

1440 d.C. Sube al trono Motecuhzoma (Moctezuma) Ilhuicamina.

1486 d.C. Sube al trono Ahuítzotl.

1502 d.C. Sube al trono Motecuhzoma Xocoyotzin.

1519 d.C. Hernán Cortés llega a las costas de México.